Cornelia Ziegler

Keine Spur von Fehlerteufel Klecks

Mit Bildern von Sabine Kraushaar

Die Deutsche Bibliothek – CIP-Einheitsaufnahme

Ziegler, Cornelia:
Keine Spur von Fehlerteufel Klecks / Cornelia Ziegler.
– 1. Aufl. – Bindlach : Loewe, 1999
(Lesefant)
ISBN 3-7855-3482-5

Dieses Buch ist auf chlorfrei gebleichtem Papier gedruckt.

ISBN 3-7855-3482-5 – 1. Auflage 1999
© 1999 Loewe Verlag GmbH, Bindlach
Umschlagillustration: Sabine Kraushaar
Gesamtherstellung: L.E.G.O. S.P.A., Vicenza
Printed in Germany

Inhalt

Klecks ist weg! 9
Ein richtiger Streber 17
Der Plan 25
Wir halten zusammen! 29
Ein Denkzettel 34
Tintenkleckse
und Apfelkuchen 42

Klecks ist weg!

„Klecks, wo bist du?",
jammert Anne.
Es ist wie verhext.
Schon seit Tagen
packt Anne
ihr Federmäppchen aus
und wieder ein.
Doch vergeblich.
Der Fehlerteufel ist nicht mehr
an seinem Lieblingsplatz.
„Das ist gemein von Klecks!",
findet Anne.
„Wie kann er
einfach so verschwinden?

Ob ihm etwas passiert ist?"
Anne denkt scharf nach.
Dann springt sie
mit einem Satz auf
und saust die Treppe hinunter.

„Ich bin bei Julia",
ruft sie ins Wohnzimmer.
„Bleib nicht so lange",
antwortet Papa.
Doch das kann Anne
schon nicht mehr hören.

Als Anne bei Julia
an der Tür klingelt,
ist sie völlig außer Atem.
„Klecks ist weg",
sprudelt es aus ihr heraus.

„Komm erst mal rein",
sagt Julia.
Die beiden Mädchen
gehen in Julias Zimmer.
„Guck mal
in deiner Schultasche nach",
fordert Anne Julia auf.
Julia sieht Anne erstaunt an.
„Klecks hat doch immer
in deinem Mäppchen geschlafen!"
„Aber da ist er nicht mehr",
antwortet Anne.

Julia sucht jetzt
in ihrer Schultasche.
Aber von dem frechen
kleinen, blauen Fehlerteufel
mit den himmelblauen Hörnern
fehlt jede Spur.

Julia will
ihre Freundin trösten:
„Morgen suchen wir
in der Schule nach ihm."

Am nächsten Tag
steht die ganze 3b zusammen
und tuschelt.
„Und Frau Beier
darf nichts merken",
ruft Anne.

„Klar!"
Peter weiß noch gut,
wie Klecks sich
in Frau Beiers rotem Füller
versteckt hat.

Dann hat er im Klassenbuch
riesige rote Kleckse gemacht.
Aber der Fehlerteufel
ist für Erwachsene unsichtbar.
Deshalb hat Frau Beier
nie rausgekriegt, dass Klecks
an der Schmiererei schuld war.
In der großen Pause
suchen alle den Fehlerteufel.
Peter schüttet den Inhalt
seiner Schultasche
auf den Tisch.
Er blättert durch
alle Hefte und Bücher.
Die anderen Kinder
machen es genauso.
Nichts.

Anne läuft zur Tafel
und sucht dort nach Klecks.
Immer noch nichts.
Enttäuscht geben sie
die Suche auf.

Ein richtiger Streber

Auf dem Nachhauseweg
treffen Anne und Julia Florian.

Florian besucht
die Parallelklasse.
„Wir haben
einen richtigen Streber
in die Klasse gekriegt."

„Echt?",
fragt Anne ungläubig.
Und Florian erzählt:
„Der weiß immer alles besser!
Nie macht er etwas falsch.
Er schreibt das Diktat
mit null Fehlern und
löst seine Rechenaufgaben
viel schneller als wir ..."
„Das ist doch nicht schlimm!",
findet Anne.
„Aber er tut dabei so doof."
Florian sucht ein Beispiel.
„Karl-Heinz heißt er.
Und er sitzt neben mir.
Heute haben wir
ein Diktat geschrieben.

Karl-Heinz hat den Arm
auf sein Heft gelegt,
damit ich nichts sehen kann.
Dabei wollte ich nur wissen,
wie man ‚Lokomotive' schreibt.

Später hab ich Kalle gefragt,
warum er so fies war.
Und er hat geantwortet:
‚Ich heiße nicht Kalle,
sondern Karl-Heinz.

Und abschreiben ist nur was für Blöde.'"
Mit spitzem Mund macht Florian Karl-Heinz nach.

„So ein doofer Affe!
Und wie der schon aussieht!
Er trägt gebügelte Hemden mit Krawatte!"
Florian schüttelt sich.

„Das würde ich noch nicht mal
an Weihnachten anziehen!"
Julia nickt.
Florian regt sich
immer mehr auf.
„Aber das Beste ist:
Er hat sogar ein Handy!
Damit telefoniert er
in jeder Pause
und tut dabei ganz wichtig!"
„Seltsam",
überlegt Anne laut.
„Das muss einen Grund haben."
„Ach, Quatsch!
Der Angeber hat
einen Denkzettel verdient."
Anne nickt zustimmend.

„Verstehe.
Der muss kuriert werden.
Das ist ein klarer Fall
für den Fehlerteufel."
Das versteht Florian nicht.
Schnell erzählt Anne von Klecks
und seiner Vorliebe,
Tintenkleckse zu verbreiten.
„Aber jetzt ist er weg,
und wir wissen nicht,
wo er steckt."
Doch Klecks steckt
gar nicht weit weg.
Der blitzeblaue Fehlerteufel
hat es sich diesmal
in Florians Federmäppchen
gemütlich gemacht.

Das kann Anne
natürlich nicht wissen.
„Hier bin ich!",
ruft Klecks.
Aber die Kinder können
ihn nicht hören.

Florians Schultasche
ist fest verschlossen.
Klecks ist ratlos.
Was soll er tun?
„Habt ihr Lust,
heute Nachmittag
zu mir zu kommen?",
fragt Florian die Mädchen.
„Au ja!",
ruft Anne.
„Dann überlegen wir,
was wir mit Karl-Heinz anstellen."

Der Plan

Anne und Julia sitzen
auf Florians Bett.

„Wir könnten Karl-Heinz
einfach wie Luft behandeln",
schlägt Florian vor.
„Wie Luft?",
fragt Julia.

„Ja klar,
nicht mehr mit ihm reden!
Wartet, ich will
unsere Ideen aufschreiben."
Florian springt auf
und holt einen Block Papier
und sein Mäppchen.
Klecks wird vor Freude
schon ganz hibbelig.
„Na endlich",
seufzt er.
„Das wird ja höchste Zeit."
Ratsch!
Florian zieht am Reißverschluss
vom Federmäppchen.
Mit einem Satz
springt Klecks heraus.

„Wo kommst du denn her?",
fragt Anne überrascht.
Klecks blitzeblaue Augen
strahlen Anne fröhlich an.
Anne schimpft:
„Nächstes Mal sagst du mir aber,
wohin du verschwindest."
Schnell erklärt Klecks,
dass er den ganzen Tag
in Florians Mäppchen war.

Julia fragt ihn:
„Klecks, hast du eine Idee,
wie wir Karl-Heinz
zur Vernunft bringen können?"
Der Fehlerteufel nickt.
Die vier stecken
die Köpfe zusammen.

„Also",
flüstert Klecks,
und dabei funkeln seine Augen
leuchtend rot,
„passt mal auf ..."

Wir halten zusammen!

„Rechnen ist total schwer",
seufzt Florian.
Herr Dahl,
Florians Klassenlehrer,
erklärt nicht gerne alles zweimal.
„Wenn man
nur ein klitzekleines Mal
nicht aufgepasst hat,
dann versteht man nichts mehr",
ärgert sich Florian.
Karl-Heinz zieht verächtlich
die Schultern hoch.
„Rechnen ist doch was für Babys!",
sagt er.

Die Kinder sitzen
auf ihren Plätzen und warten
auf die nächste Stunde.
„Also ich find schon",
sagt Florian,
„dass Herr Dahl die Aufgaben
noch mal erklären könnte.
Sollen wir streiken?"

„Streiken?",
fragt Silke.
Florian schlägt vor:
„Wir melden uns einfach nicht.
Dann wird Herr Dahl
bestimmt was ändern."
Die anderen nicken:
„Gute Idee!"

Karl-Heinz erklärt empört:
„Ohne mich!"
Florian wird wütend.
„Hast du schon mal was
von Zusammenhalten gehört?"
In diesem Moment klingelt
das Handy von Karl-Heinz.

„Ja bitte,
wen möchten Sie sprechen?
Klecks? Falsch verbunden."
Karl-Heinz schüttelt
verwundert den Kopf.
„Komisch ..."
Florian muss grinsen.
Doch das kann
Karl-Heinz nicht sehen.

Ein Denkzettel

In der nächsten Stunde
läuft Herr Dahl
durchs Klassenzimmer.
„Wer möchte diese Aufgabe
vorne an der Tafel lösen?"
Niemand meldet sich.
„Nun?", drängelt Herr Dahl.

„Wer von euch
kann das rechnen?"
Karl-Heinz' Finger
schnellt nach oben.
Im Nu löst er
die Aufgabe.
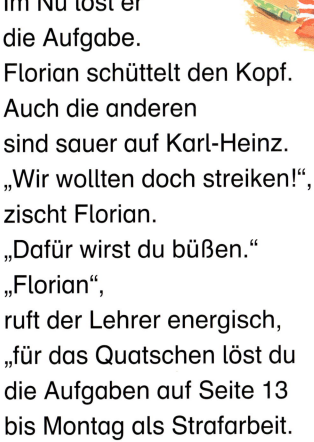
Florian schüttelt den Kopf.
Auch die anderen
sind sauer auf Karl-Heinz.
„Wir wollten doch streiken!",
zischt Florian.
„Dafür wirst du büßen."
„Florian",
ruft der Lehrer energisch,
„für das Quatschen löst du
die Aufgaben auf Seite 13
bis Montag als Strafarbeit.

Alles klar!?"
Jetzt ist Florian supersauer!
Auf einen Zettel schreibt er:

und schiebt ihn
rüber zu Karl-Heinz.
Doch Karl-Heinz
verzieht keine Miene.
„Na warte",
denkt Florian.
In der nächsten Stunde
steht Lesen auf dem Plan.

„Holt doch bitte
eure Bücher raus",
sagt Herr Dahl.
„Igittigitt!",
ruft Karl-Heinz.
In seinem Lesebuch
prangt ein riesiger Tintenklecks.
„So eine Sauerei!"

Schnell wischt er
mit dem Ärmel über das Buch.
Natürlich ist sein Hemd
jetzt blau verschmiert.
„Bah, bist du schmutzig!",
grinst Florian.
Karl-Heinz faucht:
„Das sehe ich selbst!"
Er untersucht den Füller.
Die Patrone sitzt
ordentlich fest.
Karl-Heinz hält den Füller
näher an seine Augen.
„AAAHHH!"
Eine riesige Ladung Tinte
spritzt mitten
in Karl-Heinz' Gesicht.

„Was ist denn da los?",
fragt Herr Dahl streng.
„Mein Füller kleckst",
antwortet Karl-Heinz verzweifelt.
Herr Dahl gibt ihm
ein Taschentuch.
„Wisch dein Gesicht ab,
und schreib mit Bleistift weiter.
In der Pause kannst du dich
um deinen Füller kümmern!"

In diesem Augenblick geht
eine weitere Tintenfontäne los
und trifft den Lehrer.
Die Klasse grölt vor Vergnügen.
„So etwas habe ich
noch nie erlebt!"
Herr Dahl tupft
seine Brille ab.

„Das hab ich toll
hingekriegt",
findet Klecks.

Zufrieden sitzt er
in Florians Mäppchen.
Vor Freude glühen
seine beiden Hörner feuerrot.

Gut, dass nur Florian hier
sein Geheimnis kennt.
Da kann er noch
ein bisschen Unfug treiben ...

Tintenkleckse und Apfelkuchen

„Drrr!",
bimmelt das Telefon.
Schnell zieht Karl-Heinz
das Handy vom Gürtel
und hält es sich ans Ohr.
„Ja?"
Neugierig hören alle zu.
„Wer?
Hier ist kein Klecks.
Hallo? ..."
Karl-Heinz nimmt das Handy
an das andere Ohr.
„Mist!"
Er fasst sich an die Wange.

„Am Handy ist lauter Tinte!!!
Was? Falsch verbunden!"
Florian kichert.
Als Karl-Heinz das Handy
wieder zusammenklappt,
lacht die ganze Klasse.

„Hast du dich heute
nicht gewaschen?",
brüllt Peter.
„Du hast ja
ein richtiges Klecksgesicht!"
Jetzt hüpft der Fehlerteufel
auf Florians Schulter.

„Okay",
murmelt Florian,
„ich glaube, das reicht."

Es wird mucksmäuschenstill.
„Wer ist denn das?"
Silke zeigt auf den Teufel.
„Das ist mein Freund Klecks",
antwortet Florian.
„Aha. Jetzt wird mir
einiges klar."

Karl-Heinz sieht Klecks böse an:
„*Du* warst das also!"
Die anderen tuscheln.
„Oh, ein richtiger Teufel",
flüstert Lisa.
Und Timmi ruft:
„Ich hab immer gewusst,
dass es den Fehlerteufel gibt!"

„Stimmt!",
ruft Klecks stolz.
„Und wieso ärgert Klecks
nur mich?",
fragt Karl-Heinz.
„Das war ein Denkzettel
für Streber!",
antwortet Klecks schnell.

„Den hast du nämlich verdient."
„Verdient?",
echot Karl-Heinz gekränkt.
„Ja. Du bist ziemlich eklig
und gemein zu den anderen.
So findest du hier
bestimmt keine Freunde."
„Bin ich echt so schlimm?",
fragt Karl-Heinz kleinlaut.

„Kann man wohl sagen",
nickt Florian.
„Du tust so,
als wären wir alle blöd!
Und dann –
so 'n doofes Handy.
Das dürfen wir in der Schule
gar nicht haben."
Karl-Heinz verzieht den Mund.
„Mir egal.
Ich nehm's trotzdem mit.
Das ist ein Geschenk
von meinem Vater.
Damit ich ihn immer
anrufen kann.
Er musste nämlich
beruflich ins Ausland.

Und darum bin ich hierher
zu meinen Großeltern
gekommen."
Karl-Heinz blickt die anderen
trotzig an.
„Ach so",
sagt Klecks.
Er pikst mit dem
himmelblauen Zeigefinger
gegen Karl-Heinz' Brust.

„Das ist aber kein Grund,
so stinkig
zu den anderen zu sein!"
Karl-Heinz wird ganz traurig.
„Stimmt.
Tut mir wirklich Leid."

Klecks hüpft von einem
auf das andere Bein.
„Na ja, genug gejammert.
Jetzt lädst du deine Klasse
zu dir nach Hause ein.
Und machst eine kleine Party!"

Klecks' Hörner beginnen
rot zu glühen.
„Gute Idee",
ruft Florian.

„Au ja!",
freut sich Susi.
Karl-Heinz denkt
einen Moment nach.
„Abgemacht!
Kommt doch alle
am Samstag zu mir.
Meine Oma hilft mir bestimmt
bei den Vorbereitungen."
„Wenn's Kuchen gibt,
komme ich auch!",
ruft Klecks.

„Klar!
Der Apfelkuchen
meiner Oma
ist superlecker!"
Karl-Heinz' Augen leuchten.
Klecks' Hörner funkeln dunkelrot.
Nur Florian blickt
ziemlich finster drein.
„Was ist los, Florian?",
fragt Silke.

„Ach",
murrt der.
„Ich hab keine Zeit,
ich muss doch
die Strafarbeit machen!"
„Wenn das alles ist."
Karl-Heinz spingt auf.
„Ich helfe dir dabei!"
„Turbospitze!"
Florian klatscht in die Hände.

Wenig später sitzt Klecks
auf Annes Schreibtisch.
Anne ist in ein Buch vertieft.
„Anne?",
fragt Klecks vorsichtig.
Anne sieht auf.
„Ja?"
„Darf ich am Samstag
zu Karl-Heinz auf die Party?"

„Nanu",
wundert sich Anne.
„Sicher!
Warum fragst du mich?
Du machst doch sowieso,
was du willst!"
„Ich möchte nicht,
dass du wieder sauer bist,
wenn ich weg bin."
Jetzt lächelt Anne.
„Das ist nett,
dass du mir Bescheid sagst."
„Aber jetzt bin ich müde!"
Klecks hopst in Annes Mäppchen.
Er legt sich
zwischen den Füller
und den roten Buntstift.

„Ach",
seufzt er zufrieden.
„Hier ist es am allerschönsten!"
Der Fehlerteufel dreht sich
noch einmal um
und schläft zufrieden ein.

Cornelia Ziegler, geboren 1963, studierte Germanistik und Anglistik und machte eine Ausbildung zur Psychosozialberaterin. Danach arbeitete sie als Redakteurin für Kinder- und Jugendmagazine. Seit 1994 ist sie freiberufliche Autorin und Journalistin. Sie lebt mit ihrem Mann und ihrer Tochter Charlotte in der Nähe von Köln.

Sabine Kraushaar zeichnete schon, als sie gerade mal einen Bleistift festhalten konnte. Ihr großer Traum war, später Kinderbücher zu illustrieren. Sie studierte Grafik an der Kunstakademie in Maastricht. Danach machte sie sich selbstständig. Und seit 1995 geht ihr Kindheitstraum in Erfüllung.

LESEFANT

Erstes Lesen mit Spaß

Fehlerteufel Klecks kann es einfach nicht lassen: Tag für Tag veranstaltet er in Annes Heft eine riesige Kleckserei. Zu dumm, dass Anne das gar nicht komisch findet! Wie soll der Fehlerteufel Anne jetzt nur wieder aufmuntern? Zum Glück fällt ihm der Trick mit dem verhexten Rotstift ein ...

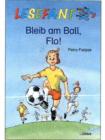